COUR DE CASSATION.

CONSULTATIONS

ET MÉMOIRES

A L'APPUI DU RECOURS EN CASSATION DES HOMMES
DE COULEUR,

BISSETTE, FABIEN ET VOLNY,

CONTRE L'ARRÊT DE LA COUR ROYALE DE LA GUADELOUPE
DU 28 MARS 1827.

SUIVIS DU TEXTE DE CET ARRÊT, ET D'UN ARRÊT DU TRIBUNAL DE CASSATION
DU 30 AOUT 1793, QUI CASSE UN JUGEMENT SEMBLABLE, RENDU A LA
MARTINIQUE EN 1792.

PARIS,

IMPRIMERIE DE E. DUVERGER,

RUE DE VERNEUIL, N 4.

1827.

A LA COUR DE CASSATION,

(CHAMBRE CRIMINELLE.)

RECOURS

POUR BISSETTE, FABIEN ET VOLNY;

Hommes de couleur libres du Fort-Royal (Martinique.)

CONTRE l'Arrêt de la Cour royale de la Guadeloupe, du 28 mars 1827, qui condamne :

Le premier à 10 ans de bannissement, et aux frais du procès;

Et qui retient indéfiniment Fabien et Volny sous le poids de l'accusation portée contre eux par le ministère public.

LES supplians ont été renvoyés par arrêt de la Cour suprême du 30 septembre 1826 devant la Cour royale de la Guadeloupe, pour y être jugés sur l'accusation portéecontre eux.

Cette cour a prononcé définitivement sur l'accusation le 28 mars : si d'un côté elle a adouci la peine, de l'autre elle a renchéri sur la Cour de la Martinique, quant à la fausseté des principes sur lesquels est appuyé son arrêt. Si elle a épargné leurs personnes, elle leur a refusé la réparation due à leur innocence et à leurs malheurs, en les déclarant tous coupables.

Il existe des moyens de forme contre cet arrêt, notamment :

1º Une parenté au degré prohibé entre M. Dupuis-Deslilets-Montdesir et M. Du Lyon de Rochefort, qui sont oncle et neveu, et qui néanmoins ont concouru à l'arrêt sans dispense;

Et entre M. Lacharrière, avocat général, qui a porté la parole à l'audience du 27 janvier, et a participé à l'instruction comme accusateur public, et M. Chabert de la Charrière, son frère, nommé rapporteur le 27 janvier.

2º M. Deslilets-Montdesir est président du tribunal de première instance, et cumule cette qualité avec celle de conseiller à la Cour d'appel; ces deux fonctions sont évidemment incompatibles;

3º Le principe de la publicité des débats criminels introduit dans la colonie par l'arrêté colonial du 13 janvier 1827, a été violé par l'arrêt du 26 mars, qui a entendu à *huis-clos* le rapport de l'affaire, tandis que les deux séances des 27 et 28 mars ont eu lieu *publiquement.*

Que si l'on prétendait que la loi locale du 13 janvier 1827 ne s'explique pas sur la publicité du rapport, on répondrait que ce que le législateur a voulu, c'est la publicité *des débats criminels* ; que le rapport fait partie de ces débats ; que les accusés ont un intérêt immense, à savoir si le rapporteur a fidèlement rempli son devoir, et fait valoir tous les moyens à décharge comme ceux à charge.

On avait dit que les adresses jointes au dossier de la procédure, qui étaient l'indice de la distribution de la brochure, avaient été trouvées au domicile de Bissette. Cette erreur du rapport n'a pu être relevée que dans l'audience du 28 mars, parce qu'elle été reproduite par le ministère public, sans quoi elle eût passé comme vérité.

Au reste, pour prouver que la publicité doit avoir lieu à la Guadeloupe, aussi bien pour le rapport que pour les conclusions du ministère public, nous citerons là pratique actuelle du tribunal de la Pointe-à-Pître, et trois arrêts contraires à l'arrêt dénoncé, rendus par la Cour de la Guadeloupe elle-même, l'un le 15 mars 1827 dans l'affaire Mignard, l'autre le 17 dans l'affaire Collard, le troisième dans l'affaire du nègre Denys, accusé de meurtre. Nous en produisons les extraits.

La Cour de cassation, par arrêt des 16 février 1824 et 20 décembre 1825, a annulé les décisions de la commission d'appel en matière de contravention aux lois prohibitives du commerce étranger : le premier dans l'affaire du brick américain *la Chance*, rapporteur M. Henry la

Rivière, le deuxième dans l'affaire du Guy-Aza White. [1]

Quoi qu'il en soit, nous nous opposons formellement à ce que l'arrêt du 28 mars soit, *à notre requête*, cassé pour des moyens de forme autres que ceux spécifiés ci-après.

Depuis trop long-temps notre innocence est remise en question ; il est temps que la Cour suprême prononce enfin sur l'accusation elle-même, et sur l'application de la loi pénale, sauf à M. le procureur général du Roi, auquel nous dénonçons ces infractions, à requérir la cassation dans l'intérêt de la loi.

Les supplians se bornent donc à proposer les moyens suivans.

DISCUSSION.

Le crime pour lequel Bissette a été condamné se divise en deux branches. Il est, comme par l'arrêt de la Cour royale de la Martinique, du 12 janvier 1824, et par le jugement du tribunal du Fort-Royal du 5 du même mois, sauf quelques différences dans les termes, déclaré atteint et convaincu :

D'avoir recueilli et conservé plusieurs écrits diffamatoires et séditieux, à l'appui des préten-

---

(1) Voyez le *Recueil périodique* de M. Dalloz 1826, 1. 80.—Voir aussi *ib.* 1825, 1. 362. Autre arrêt du 13 juillet 1825.

lions des hommes de couleur libres. (Voilà le premier chef.)

Et d'avoir reçu et répandu le libelle imprimé intitulé : De la situation des hommes de couleur libres dans les Antilles françaises, *par la communication et la lecture qu'il en a donnée à plusieurs gens de couleur libres et en différens lieux.* (Deuxième chef.)

Fabien et Volny, accusés de complicité avec Bissette, sont déclarés convaincus d'avoir remis à Bissette deux écrits diffamatoires et séditieux, contenant les mêmes principes que la brochure ci-dessus, et d'avoir pris communication de cette même brochure, mais sans avoir donné aucune publicité à ces écrits.

Elle déclare de plus qu'ils sont véhémentement soupçonnés de complicité des faits imputés à Bissette.

Mais la Cour, usant du droit qu'elle s'attribue, de modifier, dans l'application, les dispositions des lois pénales, prononce contre Bissette dix ans de bannissement, et met Fabien et Volny, quant à présent, hors de cour, et ordonne la radiation de leur écrou, mais sans les décharger de l'accusation.

§ Ier.

Quelle est maintenant la loi pénale applicable aux faits déclarés constans ?

La question doit être examinée d'abord, quant au libelle qu'on prétend avoir été *distribué*.

La Cour royale, dans l'arrêt dénoncé, ne cite à cet égard que l'art. 2 de la déclaration de 1757; mais il est constant en fait que cet édit, qui n'a jamais été exécuté en France, et qui n'a pas été enregistré dans la plupart des parlemens, n'a point été adressé par le roi-législateur aux autorités des colonies, et qu'ainsi sa volonté a été qu'il n'y fût pas exécuté. (Ordonnance du roi, du 26 octobre 1744, enregistrée au conseil souverain de la Martinique; *Annales du même conseil*, par M. Dessales, p. 261, tome II.)

Par ce motif, M. le procureur général à la Cour royale de la Guadeloupe s'est formellement opposé à son application, en rappelant la jurisprudence établie quant aux lois non enregistrées dans les colonies. Il a prouvé que les lois de la métropole n'y étaient pas exécutoires de plein droit.

La Cour de la Guadeloupe a donc violé le premier principe en matière de législation, c'est que nulle loi ne peut être appliquée, si elle n'a été promulguée. (Art. 1ᵉʳ du Code civil, publié à la Martinique en 1805.) Nul crime, nul délit, même les contraventions de police, ne peuvent être punies de peines qui n'étaient pas portées par la loi avant qu'ils fussent commis. (Art. 4 du Code pénal, qui n'est que la répétition des art. 8 et 11 de la loi du 3 novembre 1789, sur

la déclaration des droits. Or une loi non promulguée, est comme une loi non existante ; donc le
principe déclaré par l'art. 4 du Code pénal s'applique à la cause.)

Ainsi quand même l'introduction de la brochure dans les colonies serait un fait prohibé,
quand même, par les anciennes ordonnances du
royaume, un tel fait, en France, eût été passible
de l'application de peines, aucun tribunal dans
les colonies n'en pouvait prononcer.

La cour de cassation a jugé, par un arrêt du
30 août 1793, dans l'affaire de B. Nadeau (*Voy.*
le *Bulletin officiel*, imprimé par ordre du conseil des cinq-cents en l'an 6, n° 96, p. 47), que
le fait d'avoir, non pas lu et communiqué à divers en secret, mais d'avoir distribué à prix
d'argent, un écrit qui avait produit un soulèvement à la Martinique, n'était pas prévu par le
Code pénal en vigueur dans la colonie ; et par
ce motif elle a, dans l'intérêt de la loi, sur le
réquisitoire du commissaire du gouvernement,
cassé un arrêt du conseil supérieur de la colonie de la Martinique, du 9 mai 1792, pour excès
de pouvoir et violation des art. 8 et 11 de la déclaration des droits.

On n'invoque pas de loi survenue depuis 1792 ;
donc l'application qu'on aurait faite des ordonnances de Moulins ou de janvier 1629, est d'au-
tant plus impossible, 1° que rien ne constate
qu'elles aient été promulguées dans les colonies ;

la présomption contraire est établie par les re-
cueils des lois coloniales, qui tous se taisent à ce
sujet; ainsi aucun des habitans de ces colonies
n'a pu en connaître l'existence. On ne peut leur
appliquer des peines antérieures à la réunion de
ces colonies à la France, puisque cette incor-
poration ne date que de l'année 1674. M. Dessales
dit formellement, en parlant des ordonnances
antérieures à la création des conseils supérieurs
que le défaut d'enregistrement a du être suppléé
par les dispositions des édits postérieurs à cet
établissement.

Or il n'existe pas d'édit qui ait mis en vigueur
dans la colonie l'art. 179 de l'ordonnance de 1629,
ni les ordonnances de Blois et de Moulins.

2° Parce que si ces lois sont applicables, c'est la
peine capitale qui devait être appliquée. L'art. 179
de l'ordonnance de 1629, qui est la disposition
générale invoquée, défend expressément aux
juges d'adoucir les peines; l'art. 183 de l'ordonnance de Blois s'exprime de même à l'égard de
l'ordonnance de Moulins.

D'après l'art. 179 de l'ordonnance de 1629,
ce devrait être l'art. 77 de cette ordonnance qui
serait applicable; mais cette disposition ne s'applique qu'aux libelles privés, c'est-à-dire inju-
rieux envers les personnes, et non aux écrits
relatifs aux affaires d'état.

M. le procureur général Cabasse a invoqué

une autre disposition ainsi conçue : « Quiconque
« aura affiché ou semé des libelles *séditieux* ou
« diffamatoires sera pendu et étranglé jusqu'à ce
« que mort s'ensuive. »

Cette disposition n'est point dans l'ordonnance
de Moulins de février 1566 (Charles IX), ni
dans l'ordonnance de Blois de mars 1579 (Henri III). On a donc requis l'application d'une loi
qui n'a jamais existé. L'ordonnance de 1629 contient, il est vrai, quelque chose de semblable ;
mais les termes ne sont pas ceux que le ministère public a cités ; et en matière criminelle on
ne procède pas par assimilation : cet édit de 1629
n'a d'ailleurs été enregistré que par surprise,
au parlement de Paris qui, par une sorte de
consentement du Roi, ne l'a point considéré
comme loi.

L'art. 2 de l'édit de 1757 ne s'applique qu'à
ceux qui ont réellement publié des ouvrages
provoquant à la sédition et non à ceux qui les
lisent en secret.

En second lieu, supposé que ces lois aient
une existence, elles ne s'appliqueraient qu'à
ceux qui auraient distribué un ouvrage *déjà
jugé convicieux et diffamatoire*, soit contre des
personnes désignées, soit concernant les affaires publiques et le gouvernement de l'état. (Ordonnance de 1629) ou séditieux selon l'ordonnance de 1757.

Or la brochure en question n'était pas déclarée telle, lorsqu'elle a été lue et communiquée; elle ne l'est pas même aujourd'hui, car, par une inconcevable inadvertance, la Cour de la Guadeloupe n'a pas fait droit à la partie des conclusions du procureur général qui en requérait expressément la suppression.

Il y aurait encore lieu sous ce rapport, de la part de M. le procureur général à la Cour suprême, de requérir la cassation.

Il suit de là que la brochure, si fortement incriminée par les premiers juges n'est point un libelle, qu'elle peut être réimprimée et distribuée dans toutes les colonies, sans que ses lecteurs et distributeurs puissent être recherchés.

Bissette est seul convaincu du crime prétendu de distribution de cet écrit, (légalement innocent, puisqu'il n'était pas poursuivi), parce qu'il l'aurait lu *chez lui*, ou chez trois amis auxquels il l'a communiqué.

Ce fait n'a pas le caractère légal de distribution et de publication, prévu par l'art. 2 de l'édit de 1757 ou autres lois antérieures; le livre n'est pas coupable dans les termes de ces mêmes lois : enfin, aucune de ces lois n'a été promulguée dans les colonies; si l'ouvrage eût été condamné par les tribunaux, sa distribution ne serait plus qu'un fait illicite, punissable par voie de police, mais non passible d'une peine afflictive et infamante. Le moyen tiré de la fausse application des lois pénales est donc justifié.

§ II.

Accusation d'avoir formé un dépôt d'écrits séditieux mais non publiés.

Si les ordonnances sanguinaires de Charles IX sont en vigueur aux colonies, il faut convenir que les accusés sont coupables ; la Cour de la Guadeloupe a eu raison de dire que c'est un crime d'écrire, de composer, de lire et de conserver même en manuscrit des écrits concernant les affaires d'état.

Mais la Cour de la Guadeloupe a manqué à ses devoirs en ne condamnant pas à mort les auteurs de ces crimes, si les ordonnances pénales dont il s'agit existent, puisque le législateur a expressément défendu aux magistrats de mitiger les peines : son arrêt doit être cassé à la diligence de M. le procureur général du roi. Il faut qu'on connaisse la législation des colonies dans tout ce qu'elle a de hideux et de féroce, afin que le législateur se hâte de la corriger.

Mais est-il donc vrai que les habitans des colonies soient réduits au malheur de vivre sous les ordonnances de Moulins, de Blois, et de 1629, qui prononcent la peine capitale contre les auteurs de libelles ?

Est-il vrai que le secret des foyers domestiques, que la liberté de la conscience et de l'opinion, que le droit naturel enfin, soient blessés, à ce point par les lois qui y sont en vigueur? Comment des lois antérieures à la colonisation y sont-elles devenues des lois sans promulgation?

Il sera prouvé par les monumens judiciaires des colonies, que jamais aucune condamnation n'a été prononcée contre des habitans pour avoir conservé des ouvrages non encore *condamnés* par les tribunaux. Les lois de la métropole ne contiennent rien de semblable. C'est bien assez que des peines de simple police pussent être appliquées aux distributeurs d'écrits condamnés.

Déclarer un citoyen coupable pour avoir conservé un dépôt d'écrits, fussent-ils incendiaires et subversifs de tous les devoirs religieux et politiques, est donc commettre un excès de pouvoir, et faussement appliquer les lois pénales.

§ III.

Violation du principe de la liberté naturelle et déni de justice.

En ce que Fabien et Volny, quoique déclarés non coupables de complicité dans le fait de distribution publique de la brochure, sont, à cause du véhément soupçon de complicité qui pèse sur eux à cet égard, et pour avoir formé un dépôt d'écrits s'éditieux, retenus en accusation et perpétuellement menacés de prise de corps.

Leur position est pire que celle de Bissette, puisqu'ils peuvent être condamnés à la peine capitale, s'ils rentrent dans leur pays ; c'est donc par le fait le bannissement perpétuel qui se trouve prononcé contre eux.

Fabien et Volny ont été décrétés de prise de corps le 22 décembre 1823 ; le ministère public a conclu, en première instance (le 2 janvier 1824) :

Contre Fabien, à ce qu'il fût déclaré complice dans le crime capital imputé à Bissette, et en outre coupable de subornation de témoins et de violation du secret d'une lettre ;

Contre Volny, à ce qu'il fût déclaré atteint et convaincu d'avoir copié des écrits séditieux et d'avoir coopéré à les répandre.

La sentence du 5 janvier 1824 les déclare coupables de ces faits, et les condamne tous deux à cinq ans de bannissement peine afflictive et infamante).

Le ministère public a interjeté appel. Sur cet appel et sur celui des condamnés, par suite du renvoi prononcé par la Cour de cassation, Mᵉ Foignet a conclu, devant la cour royale de la Guadeloupe (le 27 mars 1827) à ce qu'ils fussent déchargés de toute accusation. Le procureur général y a conclu également.

Cependant la Cour de la Guadeloupe n'a prononcé que sur l'accusation de subornation de témoins, et de violation du secret des lettres ; elle a déclaré formellement maintenir l'accusation sur le surplus. Il y a donc déni de justice.

Où est la loi qui permet de retenir ainsi un citoyen dans les liens d'une accusation criminelle indéfinie?

Cette situation serait pire que la mort.

§ IV.

Violation de l'art. 13 de l'édit de Louis XIII, de l'an 1642, et de l'art. 59 du Code noir de 1685, insérés au Code de la Martinique.

En ce que la Cour de la Guadeloupe a dénié aux accusés, hommes de couleur *libres*, le droit d'égalité devant la loi qui leur est garanti par la nature et par le droit public colonial.

Et en ce qu'elle a conclu leur culpabilité, des écrits par lesquels les hommes de couleur ont réclamé l'exercice des droits civils, notamment du projet d'adresse à la Chambre des députés, et leur a dénié même le droit de pétition.

L'arrêt part de ce principe évidemment faux :
« qu'aux termes des lois coloniales, le caractère
« *distinctif* qu'imprime la nature NE PEUT ÊTRE
« EFFACÉ, et qu'en accordant aux gens de cou-
« leur libres et aux affranchis la jouissance
« des droits civils; ces lois exigent que cette
« classe intermédiaire ne perde jamais de vue le
« RESPECT qu'elle doit à la classe des *blancs* qui
« lui a conféré le bienfait de la liberté et de la
« propriété. » (2ᵉ motif de l'arrêt.)

L'arrêt ajoute que la distinction dont il vient

d'être parlé « a été créée par la nature elle-même,
et que toute tentative de la part des individus
de la classe des hommes de couleur libres pour
renverser le régime colonial , soit par des complots *secrets* , soit par des libelles diffamatoires
et séditieux, même *manuscrits conservés* (et *non
distribués*) est, aux termes des lois criminelles,
(qu'on ne cite pas), un attentat à l'ordre et à
la tranquillité publique , et dont la gravité est
déterminée d'après les circonstances qui l'accompagnent. »

Et considérant, en fait, qu'il est prouvé que
Bissette, Fabien et Volny ont composé, corrigé,
rédigé , lu ou conservé divers écrits séditieux
et diffamatoires , notamment la brochure intitulée : *De la Situation des hommmes de couleur
libres aux Antilles françaises* , une adresse à la
Chambre des députés et un écrit intitulé : *Salus
populi suprema lex esto* ; que ces ouvrages professent une doctrine contraire aux principes
constitutifs des colonies;

Par ces motifs, la Cour a refusé de les décharger d'accusation.

Ainsi les accusés sont coupables d'avoir méconnu la légitimité de l'esclavage naturel et
perpétuel imposé à leur couleur, le respect et
la sujétion que l'état d'affranchissement leur
impose.

En quoi cet arrêt a violé les droits inaliéna-
bles et imprescriptibles de l'homme, le droit

divin et naturel, les ordonnances de 1315, de 1642 et de 1685, ainsi que les lois abolitives de la traite des nègres, qui constituent le régime colonial.

CONCLUSION.

Attendu que les faits reprochés aux demandeurs ne constituent ni crime ni délit, plaise à la Cour casser l'arrêt et déclarer qu'il n'y a lieu à prononcer aucun renvoi.

ISAMBERT, *avocat à la Cour.*

———

Vu pour consultation en faveur du pourvoi, conformément à l'art. 4, tit. IV de la première partie du réglement de 1738, par les anciens avocats aux conseils du Roi et à la Cour de cassation, soussignés,

Signé DE LA GRANGE, ODILON-BARROT, SIREY, DALLOZ, TAILLANDIER.

J'adhère à la consultation délibérée par Messieurs les avocats à la cour de Cassation.

BOURGUIGNON, CHAUVEAU-LA-GARDE, père.

J'adopte les motifs du pourvoi.

Paris, 31 août et 2 septembre 1827,

DE LACROIX-FRAINVILLE. ARCHAMBAULT.

J'adhère volontiers à l'opinion que l'arrêt doit être cassé. Il est contraire à tout principe de droit criminel de refuser d'absoudre celui qu'on n'ose condamner. La justice a droit de frapper avec le glaive, mais elle ne peut pas le changer en épée de Damoclès, et ordonner qu'il restera indéfiniment suspendu sur telle ou telle tête. Cet arrêt renferme aussi une assertion contraire au droit naturel, à la morale, et surtout à la religion chrétienne par l'absurde infériorité de race qu'il proclame entre les hommes de couleur et les blancs.

Je plains le pays où une pareille jurisprudence pourrait être impunément proclamée.

DUPIN, aîné.

J'adopte les principes développés en la requête ci-dessus.

Paris, 18 août 1827.

BERRYER, père.   COLMET D'AAGE.
MAUGUIN.   BARTHE.
COFFINIÈRES.   BERVILLE.
GAUTIER.   DELANGLE.
LAVAUX.   A. COURBORIEUX.
Ch. RENOUARD.   DESCLOZEAUX.
A. G. CLAVEAU.   MACAREL.
DEVAUZELLES.   DUTRONE.
J. MÉRILHOU.

Adhésion de Me GILBERT BOUCHER , *ancien procureur général à l'île de Bourbon.*

J'adhere à la consultation de Me Isambert.

« Il est nécessaire, dit Burlamaqui, *principes « du droit naturel*, part. 1re, ch. 10, § 10; il est « nécessaire que les lois soient notifiées aux su- « jets, car comment pourraient-elles actuellement « régler leurs actions et leurs mouvemens, si elles « ne leur étaient pas connues ? le souverain doit « donc publier les lois d'une manière *solennelle, « claire et distincte.* »

Cela posé , la condamnation prononcée contre Bissette , Fabien et Volny , en vertu de la déclaration du 16 avril 1757 , qui n'a jamais été publiée, ou en d'autres termes , qui n'a jamais été enregistrée dans les îles, blesse toutes les règles de l'équité.

En donnant force de loi à cette déclaration, la Cour royale de la Guadeloupe a violé une foule d'ordres particuliers, de lettres de cachet , et notamment l'ordonnance royale du 18 mars 1766, qui défend de faire exécuter dans les possessions françaises d'autres lois que celles dont le monarque a lui-même prescrit l'enregistrement.

Pour remédier au défaut de publication de la déclaration du 16 avril 1757 on a soutenu ensuite que le délit imputé à Bissette , Fabien et Volny était prévu par des ordonnances antérieures à

la création du conseil souverain de la Martinique, et en particulier par l'ordonnance de Moulins du mois de février 1566, et par l'ordonnance
de janvier 1629; que, dans les colonies on
n'enregistrait pas les ordonnances de cette nature; qu'elles étaient obligatoires, indépendam-
ment de la formalité de l'enregistrement.

Mais ces assertions me paraissent dénuées de
fondement.

1° L'ordonnance de Moulins n'a trait qu'aux
livres, libelles ou écrits diffamatoires contre
l'honneur et la renommée *des personnes*, et dans
la cause il s'agit de prétendus libelles relatifs *au
gouvernement colonial*. Elle renvoie pour la peine
à l'édit de janvier 1561 portant que tous imprimeurs, semeurs et vendeurs de placards et
libelles diffamatoires, seront punis *pour la première fois du fouet*, et pour la seconde de la vie.
Qu'a de commun cette peine avec celle du bannissement prononcé contre Bissette, et avec le
hors de cour infligé à Fabien et à Volny?

Quant à l'ordonnance de janvier 1629, l'art.
179 de cette ordonnance, qui répute criminels
de *lèse-majesté* ceux qui distribueraient des
libelles imprimés ou écrits à la main contre la
personne du roi, celle de ses conseillers, magistrats et officiers, *ou contre les affaires publiques et le gouvernement* est le fruit de la
politique ombrageuse et cruelle du cardinal de
Richelieu. Il a éprouvé le sort de l'art. 634 de

la coutume de Bretagne , qui veut que les faux monnayeurs *soient bouillis, puis pendus.* On ne l'a jamais exécuté dans la métropole, comment se serait-on avisé de l'exécuter à la Martinique?

2° En consultant les divers ouvrages qui traitent de la législation coloniale , on acquiert la preuve que les ordonnances qui avaient été rendues *sur des délits spéciaux* , avant que les conseils souverains ne fussent créés, ont dû , pour être exécutées dans les colonies , passer par la filière de l'enregistrement. C'est ainsi, par exemple, que l'édit de février 1556, sur les recélemens de grossesse , n'a pris rang parmi les lois de Saint-Domingue, qu'après avoir été enregistré au conseil souverain de Leogane le 2 mai 1718.

3° Si les anciennes ordonnances concernant *les délits spéciaux* n'ont été mises en vigueur dans les îles qu'avec l'attache d'un arrêt d'enregistrement , il est manifeste que rien ne pouvait dispenser de ce mode de publication. Dès lors la question se réduit à savoir en droit si les délits commis en contravention aux lois par le fait de l'imprimerie sont des délits spéciaux, *delicta propria ;* en fait , si les ordonnances rendues sur ces délits avant l'établissement des conseils souverains ont été enregistrées à la Martinique? L'affirmative sur le point de droit n'est pas plus douteuse que ne l'est la négative sur le point de fait. C'est donc par suite d'une

erreur déplorable que la cour royale de la Guadeloupe a condamné Bissette à dix ans de bannissement et flétri Fabien et Volny par un
hors de cour, qui à la vérité ne permet plus de
les rechercher à raison du délit dont ils étaient
accusés, mais qui tend à les priver de la consi-
dération qu'ils pouvaient mériter et de la con-
fiance que la société avait en eux.

Paris, le 23 août 1827.

GILBERT BOUCHER.

CONSULTATION *de M. Hennequin.*

Le conseil soussigné :

Qui a pris lecture, 1° du réquisitoire, 2° de
l'arrêt de la cour royale, en date du 28 mars
1827, dans l'affaire des trois hommes de
couleur de la Martinique; 3° du certificat dé-
livré le 12 juin 1826; 4° de la consultation
délibérée par Me Isambert; 5° de l'adhésion donnée par Mes Chauveau de Lagarde père, Dela-
grange et Odillon-Barrot; 6° de l'adhésion donnée le 18 août dernier par Me Berryer père;
estime que l'arrêt doit être cassé pour violation
de l'article 2 du code civil et de l'article 4 du
code pénal.

Les dissertations philosophiques sur les actions punissables sont superflues et sans ob-

jets, en présence de l'article 4 du code pénal.

« Nulle contravention, nul délit, nul crime « ne peuvent (dit cet article) être punis de peines « qui n'étaient pas prononcées par la loi avant « qu'ils fussent commis. » *La loi*, dans le langage du législateur, ne s'entend jamais que de *la loi promulguée* ; et c'est surtout en matière pénale qu'il faut avoir incessamment présente à la pensée cette maxime que rappelle l'article 2 du code civil : *La loi ne dispose que pour l'avenir ; elle n'a point d'effet rétroactif.*

Si désormais on rapproche de ces principes le fait démontré que l'édit pénal de 1757 n'a jamais été publié à la Martinique, fait que l'organe du ministère public a pris soin lui-même de constater, et qu'un certificat du greffier en chef de la cour royale en l'île a mis hors de toute contestation, il faut reconnaître que l'arrêt attaqué repose sur une base ruineuse et devient vulnérable de ce chef dans l'intérêt de la loi, comme dans celui des parties.

L'arrêt attaqué n'ayant motivé la condamnation que sur l'édit de 1757, il serait possible de s'arrêter ici ; mais le conseil croit utile de démontrer que l'ordonnance de Moulins et celle de 1629 invoquées dans le réquisitoire sont, comme l'édit de 1757, repoussées par le défaut de publication.

En effet c'est une erreur, aux yeux du Conseil soussigné, que de considérer les édits du 28 mai

1664 et 4 novembre 1761 , comme ayant opéré la publication de l'ordonnance de Moulins et de celle de 1629. Ces déclarations générales , que les juges « seront tenus de juger suivant les « coutumes , lois et ordonnances du royaume » ne remplaceront jamais la publication *nominative* et *spéciale* nécessaire à la mise en vigueur d'une disposition législative quelconque.

Lorsque, dans l'intérêt public s'est accréditée la présomption légale qu'une loi *publiée* était une loi *connue*, au moins a-t-il fallu donner à la preuve morale que la loi était parvenue à la connaissance de chaque citoyen , tous les genres de garanties possibles.

A Rome, la loi était long-temps exposée sur la place publique : sous la monarchie française, la publicité résultait des solennité de l'enregistrement. Dans l'interrègne, on a pratiqué en France la publication à son de trompe et du tambour ; toujours un mode propre à faire parvenir les dispositions de la loi à la connaissance de tous les esprits ; mais jamais on ne peut considérer une déclaration générale sur les devoirs du juge comme une notification suffisante des lois civiles , des lois politiques, des lois pénales , et en un mot , de toute la législation du royaume.

C'est un étrange résultat que celui où le conseil soussigné est parvenu , puisque c'est la reconnaissance d'une grande et dangereuse lacune dans le régime des colonies; mais ce silence des lois ne se remplace pas par des arrêts de condamnation.

Le Conseil soussigné croit, au surplus, devoir dans l'intérêt de l'humanité, rendre hommage à l'un des principes posés dans l'arrêt.

Si l'ordonnance de Moulins avait été légalement promulguée dans les colonies, il n'est pas douteux que la cour royale de la Guadeloupe aurait eu le droit de modérer la rigueur de cette ordonnance, qui n'a pas été qualifiée trop sévèrement par la consultation première.

Si la désuétude peut atteindre les lois en elles-mêmes, la désuétude peut en effacer quelques parties, et par exemple, si les mœurs de la nation, si les conseils de la raison, si les généreuses répugnances des magistrats n'ont point encore permis que dans la colonie une peine sans aucune proportion avec le délit ait été appliquée, s'il s'est établi sur certaines lois des précédens constatés par la jurisprudence, pourquoi les juges ne pourraient-ils pas s'en emparer? non, il ne faut pas que le sang coule pour appeler des réformes, il faut que les cours continuent de rester dans les termes d'une jurisprudence humaine, jusqu'au moment où le législateur fera disparaître des pénalités inutiles à force d'être sévères, et dont la vertu des magistrats avait déjà fait justice.

Ces réflexions générales ne concernent point

l'ordonnance de Moulins ni celle de 1629, qui n'ont point reçu de modification dans la colonie par la jurisprudence, puisqu'elles y sont restées ignorées et par conséquent n'y ont jamais trouvé aucune espèce d'exécution.

Délibéré à Paris le 28 août 1827.

HENNEQUIN.

Je me joins aux avocats signataires de la consultation, en prenant pour base de mon opinion que les lois et ordonnances citées ont été appliquées quand elles étaient sans force dans la colonie, faute de publication.

Paris, 29 août 1827.

COUTURE.

J'adopte les principes développés dans la consultation ; l'arrêt viole tous les principes du droit naturel et du droit commun ; il ne saurait se concilier avec la raison ni avec la justice.

Nîmes, le 31 août 1827.

J. Ad. CRÉMIEUX.

Ont également adhéré aux principes ci-dessus,

M. *Thomas*, bâtonnier de l'ordre des avocats à Marseille ;

M. *Guerre*, ancien bâtonnier de l'ordre des avocats à Lyon ;

M. *Daviel*, avocat à Rouen.

Adhésion de M. Pailliet.

Aucun texte n'est rapporté pour justifier l'application de la peine.

La condamnation est vaguement motivée sur *les édits et ordonnances du royaume, et spécialement sur l'article 2 de la déclaration de 1757.*

Quant à Fabien et Volny, ils ne sont ni condamnés ni absous; mis en liberté, ils sont néanmoins retenus, sous le poids de l'accusation, comme entachés de violens soupçons de complicité.

Dans ses considérans, la cour a exprimé des préventions de couleur, que comme corps judiciaire, elle ne devait pas remarquer, encore moins exprimer.

Elle a donné à ses préjugés l'autorité de la chose jugée et le poids d'une condamnation.

Elle a mis son opinion à la place de ses devoirs. Elle a violé les droits de l'homme libre.

Elle a imprudemment lancé dans la colonie une cause d'irritation plus dangereuse que les écrits les plus diffamatoires et les plus séditieux.

On aurait trop à faire si l'on voulait réfuter toutes les erreurs, toutes les violations et fausses applications de lois dans lesquelles la cour royale de la Guadeloupe est tombée. Elles ont d'ailleurs été suffisamment combattues dans la requête de Me Isambert. On examinera seulement si Bissette a pu être condamné en vertu des lois indiquées par l'arrêt attaqué, et si Fabien et Volny ont pu rester en état d'accusation.

§. 1er.

La loi divine proscrit l'esclavage et la distinction privilégiée des couleurs. Des lois déjà bien
anciennes ont placé pour l'exercice des droits
civils, les hommes de couleur libres, les affranchis, au niveau des blancs qui habitent les
colonies. Les mœurs du siècle, les lois tempo-
raires, tendent à affaiblir l'esclavage et en pré-
parent prudemment l'abolition. Les juridic-
tions coloniales qui par leur doctrine et leurs
décisions cherchent à arrêter cet élan de per-
fectionnement social, agissent contre les inten-
tions des législateurs modernes et compromet-
tent le destin des colonies; mais abstenons-nous
des hautes considérations que ce sujet inspire et
discutons exclusivement les faits incriminés et
les lois qu'on leur a appliquées.

La législation coloniale a souvent varié avant
et depuis 1789; mais à aucune époque il n'a été
permis aux tribunaux coloniaux d'appliquer,
dans les colonies, les lois de la métropole qui
n'y avaient été ni adressées ni promulguées.

Il y a beaucoup à faire dans la législation coloniale. Le gouvernement le sait et s'en occupe.
Il ne demande qu'à être éclairé pour faire tout le
bien possible.

Comment, dès lors, a-t-on pu refuser aux
hommes de couleur libres, le droit d'exprimer
leurs besoins et leurs vœux? S'ils sont lésés,

si les tribunaux coloniaux manquent de lumières
et d'impartialité, si les blancs exercent sur eux
une influence persécutrice, si les lois en vigueur
ne peuvent faire la prospérité des colonies,
pourquoi ne pourraient-ils pas le dire aussi li-
brement qu'on le fait sur le continent? N'ont-ils
acquis la liberté civile, qu'à la condition de souf-
frir silencieusement les atteintes qu'une oppression désavouée par les lois y apporterait? S'il en
pouvait être ainsi, leur liberté serait illusoire,
la concession de l'égalité devant la loi serait
éludée; ils seraient encore, par le fait, dans les
liens de l'esclavage, ou du moins leur liberté
ne serait pas entière. Leur faire un crime d'a-
voir rédigé et de tenir manuscrite, une pétition
à la chambre des députés, n'est-ce pas leur
ravir le droit naturel de la plainte que toutes
nos constitutions ont consacré? Les condamner
pour se *communiquer* entre eux un écrit imprimé, *sur la situation des hommes de couleur
libres, dans les Antilles françaises*, n'est-ce
pas leur ravir le plus précieux des droits de
l'homme, la libre communication des pensées?
Et si cet écrit, au lieu de diffamer *nominativement*
les individus, au lieu de provoquer directement
à la révolte, ne signale que des abus, n'indique
que des réformes salutaires, loin d'être criminel
et dangereux, n'est-il pas innocent et respec-
table? Les tribunaux de la Guadeloupe ont-ils
reçu la mission d'étouffer l'intelligence, d'em-

pêcher les communications innocentes, d'arrêter les pétitions, de s'opposer à ce que le gouvernement du roi fût éclairé?

Puisque l'arrêt attaqué ne rapporte aucun passage des écrits incriminés, on peut penser que ce qu'il signale comme diffamant et séditieux, n'est que la manifestation de griefs réels et de vues utiles; mais en supposant les griefs imaginaires et les vues dangereuses, *l'action de conserver en dépôt* les écrits qui les expriment, n'a jamais été un crime, que sous les tyrannies les plus ombrageuses et les plus absurdes. Des lois de Charles IX et de Henri III, ont pu punir de pareils dépôts, mais le temps en a fait justice sur le continent, et il ne peut les avoir respectées dans les colonies où elles n'ont pas été légalement importées. Ce n'est pas aujourd'hui qu'il faut démontrer qu'un fait de ce genre ne tombe ni sous la puissance de la loi ni sous celle du juge, partout où la raison et la justice ne sont pas outragées.

Quant à la communication des écrits coupables, imprimés ou non, elle est publique ou confidentielle, directement provocatrice à la rébellion ou seulement expositive de faits, de raisonnemens; et tous les jurisconsultes s'accordent comme la jurisprudence des tribunaux du continent, à ne voir, de nos jours, de crime que dans la publicité et la provocation directe, et l'arrêt de la cour de la Guadeloupe n'établit

pas l'existence de ces deux circonstances, né-
cessaires pour constituer la criminalité.

Mais la cour coloniale paraît penser que ces
principes de justice universelle, qu'on n'oserait
contester dans aucun pays civilisé, ne régissent
pas les colonies françaises.

Sans doute elles sont encore placées sous un
régime d'exception, mais ce régime n'a pas,
pour résultat inévitable, de rendre obligatoires,
dans les colonies, toutes les anciennes lois de la
métropole, surtout les plus atroces, et dont elle
est affranchie depuis long-temps.

Cependant voyons ces lois.

La cour coloniale indique d'abord les édits et
ordonnances du royaume sans en donner la date,
mais on voit qu'elle a voulu rappeler les ordonnances de Moulins et de Blois, rendues dans des
temps orageux et que la France ne se rappelle
pas sans douleur.

L'art. 77 de l'ordonnance de Moulins, « dé-
« fend expressément à tous les sujets du royaume
« d'écrire, imprimer et exposer en vente aucuns
« livres, libelles ou écrits diffamatoires et convi-
« cieux contre l'honneur et renommée *des per-*
« *sonnes*, sous quelque prétexte et occasion que
« ce soit; et déclare telles écritures, imprimeurs
« et vendeurs, et chacun d'eux, infracteurs de
« paix et perturbateurs du repos public; et
« comme tels, veut qu'ils soient punis des pei-
« nes contenues ès-édits du royaume. Enjoint

« aux sujets du roi qui ont tels livres ou écrits,
« de les brûler, sur peines desdits édits. »

L'article 179 de l'ordonnance de Blois, établit les mêmes défenses contre « aucuns livres,
« libelles ou écrits diffamatoires et convicieux,
« imprimés ou écrits à la main, contre l'honneur
« et renommée des personnes ; et de même con-
« cernant la personne du roi, *ses conseillers,*
« *magistrats et officiers, ou contre les affaires*
« *publiques et le gouvernement de l'état,* etc. ;
« à peine d'être punis comme criminels de lèse-
« majesté. »

L'article 2 de la déclaration de Louis XV de
1757, prononce la peine de mort contre ceux
qui auraient répandu dans le public des écrits
tendant à attaquer la religion, à émouvoir les
esprits, à donner atteinte à l'autorité du roi, et
à troubler l'ordre et la tranquillité de l'état.

Cette loi dirigée contre ce qu'on appelle encore la philosophie du dix-huitième siècle et les
écrits audacieux qu'elle inspirait, est encore
une loi de circonstance, applicable seulement
à la métropole où elle n'a même jamais été appliquée, quoique d'après la lettre et l'esprit dans
lesquels elle était conçue, il y eût alors matière
à de nombreuses applications.

Les mœurs furent plus puissantes que ces lois
cruelles. Elles commençaient déjà à s'empreindre des maximes consacrées par toutes nos con-

stitutions, et reproduites par la charte constitu-
tionnelle.

Loin de nous la pensée d'excuser les écrits di-
rigés contre les personnes, les fonctionnaires
publics, la religion, le gouvernement de nos
rois; mais déjà l'on commençait à sentir, ce dont
personne ne doute aujourd'hui, que la chose
publique est aussi la chose des particuliers, que
signaler les abus, indiquer le bien, désirer le
mieux, exprimer ses besoins et ses vœux, ma-
nifester des vues d'utilité publique, ce n'est pas
attaquer le gouvernement, mais l'éclairer.

Toutefois il importe de remarquer que l'article 77 de l'ordonnance de Moulins, ne s'applique
qu'aux libelles contre les personnes et nullement
aux écrits sur les affaires publiques; que l'art.
179 de l'ordonnance de 1629, embrassant les
matières qui intéressent le gouvernement, a été
remplacée par la déclaration de 1757 qui a le
même objet; que pour la culpabilité, cette dernière loi exige le concours de deux circonstances,
1° que l'écrit tende à émouvoir les esprits, à donner atteinte à l'autorité du roi, à troubler
l'ordre et la tranquillité de l'état, 2° qu'il soit
répandu dans le public. Or, il ne résulte pas de
l'arrêt attaqué que les écrits incriminés eussent
le premier caractère, et *la communication et la
lecture, données à plusieurs personnes, en différens endroits*, ne constituent pas la publicité
dans le sens attaché à ce mot. Communiquer,

lire ailleurs que sur la place publique , c'est faire
une simple confidence , et le législateur de 1757
n'a pas eu l'intention d'y attacher une peine.

Dans les écrits incriminés , rien contre les
personnes , ni contre les fonctionnaires publics
individuellement. Les gens de couleur libres y
expriment ce que l'arrêt appelle *leurs prétentions ;* ils professent une doctrine contraire aux
principes constitutifs du régime colonial , et ce
régime est généralement reconnu comme mau-
vais, et le gouvernement s'occupe de l'améliorer ;
ils contiennent , dit toujours l'arrêt , des *calomnies* contre les tribunaux , contre les blancs ,
mais on n'énonce pas quelles sont ces calomnies,
qui pourraient n'être que d'utiles révélations
dont la connaissance importe au gouvernement;
ils manifestent le mépris le plus outrageant pour
les lois et ordonnances royales en vigueur dans
la colonie, et l'on n'indique pas en quoi , et en
quels termes consiste ce mépris , qui pourrait
n'être qu'une sage appréciation des conséquences
des lois et des ordonnances journellement appliquées dans les colonies. Un arrêt doit porter
avec lui-même la preuve de sa sagesse , et les
motifs de celui dont il s'agit , n'établissent point
la nature ni la preuve du crime imputé ; il re-
produit des préjugés graves , des erreurs éton-
nantes , et qu'on est affligé de rencontrer dans
un monument judiciaire.

D'ailleurs il ne faut pas une grande pénétra-

tion, pour être convaincu que les lois citées n'é-
taient point destinées aux colonies, d'abord
parce qu'elles étaient des lois nées de circonstances particulières à la métropole, ensuite parce
que les deux premières sont antérieures à l'incor-
poration de la Guadeloupe à la France, laquelle
ne s'est effectuée qu'en 1674; si la dernière
(celle de 1757) est postérieure, on n'éprou-
vait pas alors, et long-temps après, dans les
colonies, le besoin de réprimer les *prétentions
écrites* des hommes de couleur; enfin à aucune
époque elles n'y ont été ni adressées ni promulguées.

La cour coloniale a donc violé les principes
élémentaires de tous les temps et de tous les
lieux, consacrés par l'article 1er du code civil,
par l'article 4 du code Pénal, et spécialement la
déclaration du roi du 18 mars 1766 suivant, laquelle aucune loi, soit ancienne soit nouvelle,
ne peut être exécutée dans les colonies qu'au-
tant qu'elle y aura été préalablement envoyée à
cet effet et enregistrée dans les conseils supérieurs par l'ordre exprès de Sa Majesté (Voyez
le dictionnaire de Camus et Bayard, article
Colonies françaises, § 11, n° 3, et suiv., et Rép.
de M. Merlin. vo *Colonies*.

L'arrêt dénoncé ne peut donc échapper à la
cassation, et comme les faits reprochés ne constituent ni crime ni délit, la Cour suprême doit,

sans prononcer aucun renvoi, décharger Bissette de toute condamnation.

§ II.

Si l'action de Bissette n'est réprouvée par aucune loi, Fabien et Volny, *soupçonnés* d'être les complices de cette action, n'ont pu être retenus sous les liens de l'accusation et dans l'appréhension d'une poursuite ultérieure. Il n'y a point de complice, là où il n'y a point de coupable principal. Les moyens présentés en faveur de Bissette doivent donc profiter à Fabien et à Volny ; mais il en est un qui leur est particulier.

Dans la supposition où il existerait un texte de loi qui qualifierait crimes les faits reprochés à Bissette et leur infligerait une peine, on ne pouvait se dispenser de juger ses prétendus complices, soit en les acquittant, faute de preuves suffisantes, soit en ordonnant à leur égard un plus amplement informé, suivant ce qui se pratiquait en France sous l'empire de l'ordonnance de 1670.

On distinguait alors, ainsi que l'explique Jousse, dans son *Traité de la justice criminelle*, tom. I, pag. 83, le plus amplement informé à temps, et celui qui était indéfini.

Mais l'un ou l'autre devait être déterminé et prononcé par l'arrêt, afin que l'accusé sût ce qu'il avait à craindre et pendant combien de temps.

Ici le plus amplement informé n'est ni caractérisé ni prononcé. L'arrêt se borne à déclarer qu'il existe contre Fabien et Volny de violens soupçons de complicité qui ne permettent pas de les décharger d'accusation. Il les met hors de cour, il ordonne leur élargissement, et ne décide point s'il sera fait à leur égard un plus ample informé, s'il devra avoir lieu dans un ou plusieurs mois, dans un an ou plus, ou dans un temps indéterminé.

Suivant cet arrêt, Fabien et Volny peuvent jouir de la liberté, mais sous la condition flétrissante d'accusés, dans la terreur continuelle d'être repris, jugés, peut-être condamnés à mort en vertu de la jurisprudence de la Guadeloupe, qui se croit le droit de puiser le texte pénal dans les collections des lois de la France, sans égard aux temps et aux circonstances où elles ont été données, sans s'enquérir si elles ont été adressées aux colonies pour y être exécutées, si elles y ont été enregistrées et publiées, sous la réserve arbitraire de modifier ou non la pénalité.

Une décision aussi étrange étonne et afflige.

Elle étonne par la violation des principes qu'elle renferme et l'absence de lumières qu'elle décèle.

Elle afflige par le genre de supplice qu'elle impose et qu'aucune loi n'autorise.

Elle ne constitue pas un simple déni de justice réprouvée par l'ancienne comme par la nouvelle législation ; elle flétrit sans juger ; elle ne condamne pas, mais elle suspend sur la tête des accusés le glaive homicide, elle dépose à leurs pieds des fers, elle leur montre en perspective le bannissement et tous les supplices pour en recevoir, s'il y a lieu, l'application, quand il plaira à la cour.

L'honneur et la sécurité sont des biens trop précieux pour que la justice ait jamais reçu le droit d'en disposer d'une manière aussi arbitraire et aussi cruelle.

Que Fabien et Volny se rassurent! La Cour de cassation ne maintiendra pas un arrêt qui outrage la raison et l'humanité.

Puisse cette affaire qui démontre si fortement l'imperfection du régime colonial, accélérer l'époque où l'on donnera aux colonies les lois qu'elles réclament et des fonctionnaires publics pour les appliquer avec discernement et conscience!

Délibéré à Orléans, le 15 octobre 1827,

PAILLIET.

Arrêt de la Cour royale de la Guadeloupe, du 28 mars 1827.

Charles, etc. Notre Cour royale de la Guadeloupe et dépendances, a rendu l'arrêt suivant :

Vu par la Cour, l'arrêt de la Cour de cassation du 30 septembre 1826, lequel casse et annulle l'arrêt de la Cour royale de la Martinique, en date du 12 janvier 1824, rendu dans le procès instruit et poursuivi extraordinairement, contre les nommés Bissette, Fabien et Volny, tous trois hommes de couleur libres, et commerçans domiciliés en l'île Martinique, et renvoie les demandeurs en l'état où ils se trouvent, devant la Cour royale de la Guadeloupe, pour être statué sur les appels du ministère public et des demandeurs du jugement du fort royal de la Martinique, du 5 janvier 1824.

Vu l'arrêt du 26 mars courant, par lequel la Cour, après le *rapport* du procès et la lecture de toutes les pièces dont il se compose, a continué la cause à mardi 27 du même mois, pour procéder à l'interrogatoire des accusés, entendre les conclusions du ministère public ainsi que le défenseur des accusés, et rendre le jugement définitif.

Vu l'arrêt d'hier, 27 mars, par lequel, après avoir ouï en audience *publique*, les accusés Bissette, Fabien et Volny, en leurs interrogatoires derrière le barreau, après avoir entendu également en audience *publique*, les conclusions de M. Prosper Cabasse, procureur-général du Roi, et le plaidoyer de M⁰ Foignet, pour les accusés, a renvoyé la cause à ce jour, 28 dudit mois de mars, pour entendre les observations que l'accusé Bissette a demandé la permission de faire en personne.

Aujourd'hui mercredi, 28 mars, mois courant ; la Cour, étant en séance, a fait amener à la barre les accusés Bissette, Fabien et Volny, qui sont placés derrière le barreau. Fabien et Volny ayant déclaré n'avoir rien à ajouter aux moyens plaidés hier par Me Foignet, leur défenseur, et Bissette ayant demandé et obtenu la permission de joindre quelques observations à celles déjà faites hier pour lui et en son nom, par son défenseur, M. Foignet a fait la lecture d'un écrit par lequel il a combattu les conclusions prises contre lui par le procureur-général du Roi.

Après laquelle lecture, Me Foignet, ayant dit qu'il avait quelques moyens a faire valoir additionnellement devant la Cour, et seulement dans l'intérêt de l'accusé Bissette, a été admis à plaider de nouveau, et a conclu à ce que le dit accusé Bissette fût déchargé d'accusation ainsi que les accusés Fabien fils et Volny.

Ce fait, M. le procureur-général du Roi ayant déclaré qu'il se réfère aux conclusions par lui prises ce jour d'hier, et s'étant retiré, la Cour a fait également retirer les accusés, et a procédé à la délibération.

A cinq heures de relevée, la Cour étant fixée a fait appeler de nouveau les accusés et déclarer que l'audience est publique.

Et M. le procureur-général étant également rentré et ayant occupé le siège du ministère public, M. le président de la Cour a prononcé l'arrêt dans les termes suivans.

Vu par la Cour toutes les pièces de la procédure criminelle, instruite et poursuivie extraordinairement à la requête du procureur du Roi près le tribunal de première instance du Fort-Royal, île Martinique, agissant d'office, demandeur et accusateur.

Contre Bissette, Fabien et Volny, tous trois défendeurs et accusés.

Vu le jugement intervenu en première instance en date du 5 janvier 1824, lequel, par les motifs y énoncés, condamne Bissette au bannissement à perpétuité du territoire français, Fabien au bannissement pendant 5 ans de la colonie de la Martinique, et condamne Volny au bannissement de ladite colonie de la Martinique pendant 5 ans.

Vu l'interrogatoire du nommé Bissette derrière le barreau de la Cour, en date du jour d'hier 27 mars.

Vu l'interrogatoire de Fabien frère derrière le barreau, en date du même jour.

Vu l'interrogatoire de Volny derrière le barreau, également du soir d'hier.

Ouï M. Prosper Cabasse, procureur-général du Roi et ses conclusions publiquement prises à l'audience du jour d'hier, et tendantes à ce que disant droit sur les appels respectifs du ministère public et des acccusés envers le jugement du 5 janvier 1824, les nommés Fabien et Volny soient déchargés de l'accusation portée contre eux et qu'ils soient sur-le-champ mis en liberté, s'ils ne sont détenus pour autre chose ; et de même, de suite, que le nommé Bissette soit déclaré atteint et convaincu d'avoir semé, au Fort Royal de la Martinique, une brochure séditieuse dans cette colonie, et diffamatoire, intitulée : *De la Situation des Hommes de couleur libres, aux Antilles françaises*, commençant par ces mots : *La France possède*, etc, et finissant par ceux-ci : *d'un Prince éclairé et magnanime*, crime particulièrement prévu par l'ordonnance de *Moulins* ; pour réparation de quoi il soit condamné au bannissement des colonies françaises pendant le temps et terme de dix années, avec injonction de garder son ban sous de plus graves peines, et qu'il soit en outre condamné à tous les frais de la procédure envers le trésor ; et par *suite requérant la suppression par toutes les voies de droit de ladite brochure ;* et que l'arrêt à intervenir soit imprimé au nombre que la Cour arbitrera pour être affiché dans les colonies de la Martinique et de la Guadeloupe.

Ouï, Me Foignet, avoué défenseur des accusés, en son plaidoyer prononcé le jour d'hier, et en ses observations additionnellés présentées aujourd'hui à la Cour.

Ouï, l'accusé Bissette en ses moyens de défenses déduits personnellement.

Ouï, M. Chabert de la Charrière, membre de la Cour, en son rapport fait en l'audience du 26 du courant.

La Cour statuant sur les reproches de Bissette, contre le témoin Lenormand Morando, devant les premiers juges, fondé sur ce que dans un rapport que lui, Bissette, en sa qualité de sergent de la garde nationale, aurait fait au commandant militaire, il aurait inculpé Morando, qui aurait déclaré qu'il s'en vengerait tôt ou tard.

Considérant que cette déclaration prétendue faite par ledit Lenormand Morando, au nommé William Gaspard, n'est appuyée que des dires de l'accusé; que d'ailleurs rien ne constate au procès que Bissette ait demandé à en faire preuve.

Considérant que l'inimitié supposée par cet accusé n'est établie que sur de simples présomptions, que dès lors le premier juge n'a pas cru devoir s'arrêter à ces reproches.

Par ces motifs, la Cour accueillant la déposition du témoin *Morando*, au procès et statuant au fond;

« Considérant que les colonies de la Martinique et de la Guadeloupe sont toujours placées, en matière criminelle, sous l'empire de la législation qui régissait le royaume avant 1789 (arrêt de la Cour de cassation); que l'ordonnance de 1670 contient les règles établies pour diriger les magistrats dans la poursuite, l'instruction et le jugement des affaires criminelles; que pour l'application des peines, les ordonnances qui *ont précédé* celle de 1670, ainsi que *celles postérieures, ont toujours servi de base et de règle* aux décisions des Cours supérieures des colonies;

« Considérant que la législation civile et criminelle des

colonies est placée *sous la tutelle des lois politiques* sur lesquelles reposent *les principes constitutifs* du régime colonial ; qu'aux termes de ces lois, le caractère distinctif qu'imprime la nature ne peut être effacé, et qu'en accordant aux gens de couleur libres et aux affranchis la jouissance des droits civils, ces lois exigent que cette classe intermédiaire ne perde jamais de vue le respect qu'elle doit à *la classe* des blancs *qui lui a conféré* le bienfait de la liberté et de la propriété ;

« Considérant qu'une funeste expérience a prouvé que les colonies ne peuvent exister sans la juste et sage observation des lois qui établissent la distinction des trois classes, *distinction* créée *par la nature elle-même ;* que toute théorie contraire a sa source et ses principes dans ce qui reste encore des *erreurs révolutionnaires* qui ont bouleversé la France et ses colonies ; qu'ainsi toute tentative de la part des individus de la classe des hommes de couleur libres pour renverser le régime colonial, soit par des complots *secrets*, soit par des libelles diffamatoires et séditieux imprimés ou manuscrits, *conservés* ou distribués, est, aux termes *des lois criminelles*, un attentat à l'ordre et à la tranquillité publique ; attentat dont la gravité est déterminée en raison des circonstances qui l'accompagnent ;

« Considérant qu'il est constant au procès que c'est au moment où le gouvernement de la Martinique, instruit de la fermentation qui agitait la classe des gens de couleur libres, prenait des mesures de haute police, que le juge du Tribunal de Fort-Royal, sur la plainte du procureur du roi, avait, le 13 décembre 1823, saisi dans la demeure de l'accusé Bissette le libelle imprimé intitulé : *De la situation des hommes de couleur libres dans les Antilles françaises,* ainsi qu'un grand nombre de manuscrits, parmi lesquels on remarque n° 1, *une adresse à la chambre des députés,* et un autre intitulé : *Salus populi suprema lex esto ;*

« Considérant que le libelle imprimé et la plupart de ces manuscrits *sont diffamatoires et séditieux*, en ce qu'ils professent une doctrine contraire aux principes constitutifs du régime colonial; qu'ils contiennent *des calomnies* contre les tribunaux, contre la *classe des blancs*, et qu'ils expriment le mépris le plus outrageant pour les lois *et les ordonnances royales* en vigueur dans la colonie;

« Considérant que le nommé Bissette avoue dans ses divers interrogatoires que le mémoire n° 1 lui avait été remis par le nommé Athanase; que les écrits nᵒˢ 24 et 25 lui avaient été donnés, l'un par Léonce, l'autre par *un individu dont il ne se rappelle plus.*

« Que l'adresse à la chambre des députés lui a été remise par Fabien fils, et l'écrit intitulé *Salus populi* par Volny; qu'il reconnaît avoir rédigé et corrigé plusieurs des écrits trouvés dans son bureau; *qu'il résulte de ces faits* que Bissette conservait un recueil d'écrits séditieux *à l'appui des prétentions de sa classe;*

« Considérant qu'il résulte des aveux des accusés, consignés dans leurs divers interrogatoires, et de ceux de Bissette dans ses interrogatoires, que ledit Bissette *a reçu* deux exemplaires du libelle intitulé : *De la situation des hommes de couleur libres dans les Antilles françaises* (dont l'un était à l'adresse de M. de Vassoigne.) qu'il l'a *communiqué* aux nommés Dumas, Duparquet et Didier, dans le chantier des ouvriers de la maison qu'il faisait bâtir; aux nommés Lot fils et Bélastre dans leurs demeures respectives; qu'il a laissé ce libelle dans les mains de ce dernier; qu'il l'a communiqué et lu à Volny dans une chambre haute de cette maison qu'il faisait bâtir; qu'il l'a remis à Fabien pour en prendre lecture chez lui; qu'il résulte de tous ces faits *la preuve*, que le nommé *Bissette*, après avoir reçu ce libelle, *l'a répandu par la communication et la lecture* qu'il en a données à plusieurs gens de couleur libres et dans des lieux différens;

« Considérant que la seconde accusation intentée contre *Fabien* depuis son emprisonnement, et fondée sur ce qu'il se serait permis au mois de juin précédent, d'ouvrir un paquet à l'adresse du procureur du roi, et aurait cherché à suborner deux témoins, doit être rejetée du procès, sur le motif, 1° que le nommé Joseph Anois, qui a été entendu comme témoin dans l'addition d'information, à l'effet de constater ce délit, était le dénonciateur de Fabien, ainsi qu'il est prouvé par sa déclaration, reçue et attestée par le commissaire commandant du Vauclin; que l'intérêt de Joseph Anois, en faisant cette dénonciation, était évidemment de détourner de sa personne tout soupçon de complicité; que dès lors sa déposition ne doit être d'aucun poids; 2° que la rétractation du témoin Eudoxié, lors de son récolement, rend son témoignage suspect et doit le faire écarter;

« Considérant que le nommé Fabien *avoue*, dans ses interrogatoires, *qu'il a reçu* de Bissette le libelle imprimé et qu'il en a pris lecture; qu'il reconnaît avoir remis antérieurement à Bissette un copie faite par lui et par sa femme de l'écrit n° 2, intitulé : *Adresse à la chambre des députés*; que ce manuscrit *contient les mêmes principes que ceux exprimés dans le libelle imprimé; qu'il est également diffamatoire et séditieux;*

« Considérant néanmoins qu'il paraît n'avoir fait que copier un écrit *resté secret*, et auquel il n'a jamais été donné de publicité;

« En ce qui touche le nommé Volny, accusé de complicité avec Bissette;

« Considérant que le nommé Volny reconnaît que c'est dans une chambre haute d'une maison appartenant à Bissette qu'il a pris communication et lecture du libelle imprimé; qu'il avoue avoir remis à Bissette, il y a environ un an, la copie d'un écrit intitulé : *Salus populi;* que cet écrit renferme des accusations *graves* et *calomnieuses* contre les tribunaux de la Martinique ;

« Considérant néanmoins qu'il ne paraît pas que cet écrit ait été *communiqué ni répandu ;*

« Considérant qu'il existe cependant contre les nommés Fabien et Volny *de violens soupçons de complicité*, qui ne permettent pas de les décharger d'accusation ;

« En ce qui touche l'application de la peine :

« Considérant que les édits et ordonnances du royaume, en statuant sur tous les cas que présentent les libelles diffamatoires ou séditieux, imprimés ou écrits à la main, prononcent des peines, non-seulement contre ceux qui composent des libelles, ceux qui les impriment, qui les vendent, mais encore contre ceux qui *les distribuent et les rendent publics, de quelque manière que ce soit*, et même contre ceux qui, ayant de tels écrits en leur possession, *ne les brûlent pas ;*

« Vu spécialement l'art. 2 de la déclaration de 1757 :

« Considérant que la jurisprudence criminelle des anciennes cours du royaume était de modifier les dispositions de ces ordonnances qui leur paraissaient trop rigoureuses dans l'application des peines, et que cette jurisprudence a toujours été celle de la Cour de la Guadeloupe ;

« Par ces motifs, la Cour met les appellations et ce dont est appel au néant, émendant et prononçant de nouveau.

« Rejette du procès l'accusation intentée contre le nommé Fabien, sur ce qu'il aurait ouvert un paquet à l'adresse du procureur du roi du Fort-Royal, et aurait tenté de suborner deux témoins assignés pour déposer sur ce fait ;

« Déclare le nommé Bissette atteint et convaincu *d'avoir recueilli et conservé plusieurs écrits diffamatoires et séditieux*, à l'appui des prétentions des hommes de couleur libres, d'avoir reçu et répandu le libelle imprimé intitulé : *De la situation des hommes de couleur libres dans les An-*

tilles françaises, par la communication et par la lecture
qu'il en a données à plusieurs gens de couleur libres et
dans des lieux différens ;

« Pour réparation de quoi condamne le nommé Bissette
au bannissement pour dix années des colonies françaises, et
lui enjoint de garder son ban sous les peines prononcées par
la déclaration du roi du 31 mars 1782 ;

« Met hors de Cour les accusés Fabien et Volny; ordonne
que leurs écrous seront rayés et biffés, et qu'ils seront élar-
gis des prisons, s'ils ne sont détenus pour autre cause ; à
quoi faire le geôlier contraint, quoi faisant, déchargé ;

« Condamne ledit Bissette aux frais du procès ; ordonne
que le présent arrêt sera imprimé aux frais dudit Bissette,
au nombre de cent exemplaires, pour être affiché partout
où besoin sera. »

Fait et jugé à l'audience publique et criminelle de la
Cour royale, le mercredi 28 mars 1827, présens MM. Picou-
Delisle, président en fonction ; Desmarais, Deslilets-Mon-
desir, Chabert de la Charrière, Prévost de Touchimbert,
Dulyon de Rochefort, Celoron de Blainville, Bonnet et
Mollentheil, membres de la Cour ; de Bovis, conseiller-
auditeur, Prosper-Cabasse, procureur-général du Roi ;
André Chabert de la Charrière, avocat-général, et Jules
Coussin, greffier en chef.

Signé au registre, Picou-Delisle, président; Chabert de
la Charrière, rapporteur ; Coussin, greffier.

----

*Arrêt du Tribunal de Cassation, du 30 août 1793, qui
casse un arrêt du Conseil supérieur de la Martinique,
en matière de vente de libelle.*

Sur le réquisitoire du substitut du commisaire national,
contenant que le 9 mai 1792, le Conseil souverain de la
Martinique, en prononçant sur l'appel *à minimâ* interjeté
par le procureur général, d'une sentence du 28 avril précé-

dent, a rendu un jugement dont le dispositif est conçu en ces termes :

« La Cour, faisant droit sur l'appel *à minimá*, a mis l'ap-
« pellation et ce dont est appel au néant ; émendant, dé-
« clare le nommé Benjamin Nadeau, dûment atteint et
« convaincu, même par sa propre confession, d'avoir dis-
« tribué à prix d'argent différentes copies du Mémoire de
« l'abbé Grégoire, à plusieurs gens de couleur libres des
« quartiers du Lamentin et du Gros-Morne ; *ce qui peut avoir*
« *contribué au soulèvement d'une certaine quantité d'es-*
« *claves* dans le premier quartier, peu de temps après,
« ainsi qu'il est plus au long mentionné au procès ; pour
« réparation de quoi, le condamne à être fouetté de vingt-
« neuf coups de verges par l'exécuteur de la haute justice,
« sur la place publique de cette ville, marqué des lettres
« G. A. L. sur l'épaule gauche, ce fait, envoyé aux galères
« pour y servir le roi, pendant trois ans, comme forçat. »

Ce jugement est évidemment contraire aux art. 8 et 11 de la déclaration des droits de l'homme.

L'art. 8 porte : « Que nul ne peut être puni qu'en vertu
« d'une loi établie et promulguée antérieurement *au délit et*
« *légalement appliquée.* »

L'art. 11 porte : « *La libre communication des pensées*
« est un des droits les plus précieux de l'homme. »

A ces causes, requiert le substitut du commissaire na-
tional, qu'il plaise au tribunal annuler le jugement rendu par le Conseil souverain de la Martinique, le 9 mai 1792, comme contraire aux articles 8 et 11 de la déclaration des droits de l'homme, et ordonner qu'à la diligence du commissaire national, le jugement à intervenir sera imprimé et transcrit sur les registres du Conseil souverain de la Martinique, conformément à l'art. 22 de la loi du 1er dé-
cembre 1790.

Et pour justifier du contenu au présent réquisitoire, il joint les pièces suivantes :

1° Lettre du ministre de la justice contenant dénonciation, en date du 6 novembre 1792 ;

2° Expédition du jugement rendu le 9 mai 1792 , par le Conseil souverain de la Martinique. *Signé* Bayard.

« Ouï le rapport de Jean - Louis - Claude Emmery [1],
« commis par ordonnance du 18 mai dernier , ensemble le
« commissaire national ;

« Attendu que le Conseil souverain de la Martinique a
« appliqué les peines du fouet, de la marque et des galères
« à un fait qui, tel qu'il est déclaré dans son jugement du
« 9 mai 1792, ne constitue pas un délit, aux termes du
« Code pénal, le Tribunal casse le jugement du Conseil
« souverain de la Martinique, du 9 mai 1792 , renvoie sur
« le fond pardevant les juges qui en doivent connaître ; or-
« donne qu'à la diligence du commissaire national, le pré-
« sent jugement sera imprimé et transcrit aux termes de
« la loi.

« Fait au Tribunal de cassation , à l'audience publique
« de la section de cassation, le 30e jour d'août 1793, l'an II
« de la république.

« *Signé*, THOURET , Président ,
EMMERY, Rapporteur; et HOM, Greffier.

Étaient alors membres de la section de Cassation ,

MM. COFFINHAL , COCHARD , BAILLY ,
VAILLANT , GIRAUDET , MÉQUIN,
VIELLARD, De PRONNAY, ROBERT,
LIONS, COURTIER LA BARRERIE.

[1] Depuis sénateur.

CONSULTATION

DE M^e. DUPIN JEUNE.

LE Conseil soussigné,

Qui a lu 1º l'Arrêt rendu par la Cour royale de la Guadeloupe, le 28 mars 1827, contre Bissette, Fabien et Volny, hommes de couleur libres du Fort-Royal (Martinique); 2º la Requête signée Isambert, présentée à l'appui du pourvoi formé devant la Cour de cassation contre l'arrêt précité; 3º les Consultations et adhésions données par plusieurs jurisconsultes pour soutenir les principes posés dans cette requête;

Estime que l'arrêt de la Cour royale de la Guadeloupe doit être cassé comme contraire aux principes les plus élémentaires et les plus constans du Droit.

Il est malheureusement trop vrai que les bienfaits du régime constitutionnel ne se sont pas encore étendus jusque sur nos colonies, et qu'elles vivent toujours sous les rigueurs surannées d'une législation exceptionnelle, qui n'est plus en rapport avec les développemens de la civilisation, le progrès des lumières et l'état de la métropole. Mais en attendant qu'une législation plus humaine les régisse, elles ne sont pour-

4

tant point livrées à un arbitraire sans frein et sans limites. Il est des principes de raison et de justice reconnus et observés chez tous les peuples où ne règne point pour unique loi l'aveugle brutalité d'une force matérielle. De ce nombre, et en première ligne, est le principe qui veut qu'une loi ne soit obligatoire que du jour où la promulgation l'a fait connaître. Elle doit avertir avant de frapper, dit Bacon avec son énergique concision : *moneat antequàm feriat.* Et en effet, n'y aurait-il pas une barbare stupidité à punir les citoyens de l'inobservation d'un précepte qu'on leur aurait laissé ignorer?

Aussi l'histoire a-t-elle inscrit sur ses tables vengeresses, au rang des reproches que la postérité a droit d'adresser à la mémoire de Caligula, l'action tyrannique d'avoir fait graver une de ses lois en caractères si menus, et de l'avoir placée dans un lieu tellement inabordable, que personne ne pouvait lire ses dispositions.

Ce que la Cour royale de la Guadeloupe voudrait ériger en principe est pis encore ; car elle prétend rendre applicables aux habitans des colonies, des lois pour lesquelles il n'y a pas même eu chez eux le simulacre d'une promulgation ; elle considère comme notification pour eux, l'enregistrement fait dans les cours de la métropole.

La raison toute seule repousserait un pareil système. Ajoutons de suite qu'il est en opposition formelle avec les règles de notre ancien Droit français. Les lois et ordonnances ne devenaient obligatoires en France que du jour de leur enregistrement dans les Cours souveraines, et de leur publication dans les bailliages et les sénéchaussées. (V. Rodier, sur l'art. 4 du tit. 1er de l'Ordonnance de 1667, et la lettre du chancelier d'Aguesseau au procureur-général du Parlement de Toulouse, du 7 février 1750.)

Ainsi, l'enregistrement fait au Parlement de Paris, ne rendait pas la loi obligatoire dans le ressort contigu du Parlement de Rouen ou de Dijon. Et l'on voudrait que l'enregistrement fait dans un ou plusieurs Parlemens de France fût considéré comme une promulgation au-delà des mers! Et à qui suppose-t-on cette connaissance si parfaite d'une législation lointaine? à des hommes auxquels on interdit de s'occuper des matières de gouvernement! à des hommes auxquels on refuse et la liberté de la parole, et la liberté de la pensée, et qu'on s'efforce de retenir dans les langes de l'ignorance et de la barbarie!

Non : il n'en peut être, il n'en est point ainsi.

Les lois dont les rois-législateurs voulaient étendre l'empire jusque sur les colonies, étaient envoyées aux autorités qui les régissaient; là, elles étaient publiées; à la Martinique, notamment, elles étaient enregistrées au Conseil souverain; et c'est à partir de ce jour seulement qu'elles pouvaient commander l'obéissance.

Avoir jugé le contraire, c'est avoir méconnu un principe sacré; c'est avoir blessé la justice; c'est avoir encouru la censure de la Cour suprême : surtout lorsque l'objet de ces illégalités est d'ériger la plainte en crime, la prière en révolte, la lecture et la communication d'une brochure à quelques amis, en conspiration!

Disons enfin qu'on ne saurait ni tolérer, ni maintenir cet étrange et affligeant considérant: « Qu'aux termes des lois constitutives du régime « colonial, le caractère distinctif qu'imprime la « nature ne peut être effacé, et qu'en accordant « aux gens de couleur libres et aux affranchis la « jouissance des droits civils, ces lois exigent « que cette classe intermédiaire ne perde jamais « de vue le respect qu'elle doit à la classe des « blancs qui lui a conféré le bienfait de la liberté « et de la propriété. »

Il y a une cruelle dérision à se vanter d'avoir conféré aux malheureux hommes de couleur le bienfait de la liberté et de la propriété; comme si l'histoire n'était pas là pour dire qui leur a ravi ces dons de la Providence! Et quant à la prééminence que revendique l'orgueil des blancs sur les noirs, elle est contraire à la religion, contraire au droit de la nature et des gens : au 19e siècle, c'est une sorte de blasphême !

Les sieurs Bissette, Fabien et Volny, qui ont déja obtenu de la Cour de cassation un acte si éclatant de justice, sont donc en droit d'espérer que cette Cour mettra fin à des tribulations si déplorables.

Délibéré à Paris, le 17 novembre 1827.

DUPIN , jeune.

J'adopte en leur entier les principes développés dans la Consultation ci - dessus, relatifs à l'application de lois qui n'étaient point promulguées dans la colonie. J'adhère en outre à tout ce qui a été exprimé dans la consultation précédente sur la portion de l'arrêt en ce qui concerne les sieurs Fabien et Volny.

Paris, le 17 novembre 1827.

THÉVENIN père , Bâtonnier de l'Ordre.

Vu le Mémoire et les Consultations ci-dessus, par les motifs qui y sont exprimés, je suis d'avis que l'arrêt de la Guadeloupe doit être cassé et annulé. C. PERSIL.

Le Conseil soussigné,

Estime que l'arrêt attaqué viole tous les principes des lois naturelles et des lois écrites, soit dans ses considérans lorsqu'il présente comme étant de droit divin et de justice éternelle la distinction dont il parle, soit dans sa disposition, lorsqu'il fait à Bissette l'application d'une loi qui n'avait pas été promulguée et qui par conséquent n'existait pas pour lui.

Paris, 23 novembre 1827.

CHAIX D'EST-ANGE.

Ont également adhéré aux principes et conclusions énoncés en la requête ci-dessus de M^e. Isambert,

MM. TOULLIER, CARRÉ, BERNARD et JOLLIVET, avocats à Rennes.

Adhésion du Barreau de Brest.

Les soussignés, membres du barreau de Brest, déclarent adhérer entièrement aux principes et conclusions énoncés en la Requête et Consultations ci-dessus de M^e. Isambert.

DUVAL, LEDONNÉ, aîné, BAZIL, PÉRÉNÈS, BOELLE, GILBERT-VILLENEUVE, LEBEY-TAILLIS, TH. GOURDIN, COATPONT, P. LEDONNÉ.

ADRESSE

A LA CHAMBRE DES DÉPUTÉS,

Que les hommes de couleur n'ont pas envoyée en France ,
mais qui, trouvée chez Bissette, a servi de base à la condamnation, tant à la Martinique qu'à la Guadeloupe. (1)

Le sang français coule dans nos veines ; nos
mœurs sont françaises, nous parlons la langue des
Français, nous adorons le Dieu qu'ils adorent ;
nos ames tressaillent d'orgueil et de joie quand
on nous parle de tout ce qui constitue la gloire,
la grandeur, la prospérité de la France, comme
elles frissonnent de douleur et de crainte quand
la renommée nous entretient de son deuil et de
ses revers. Parmi nos frères, les uns ont brillé
dans les arts de la paix , d'autres ont pris rang
parmi les guerriers de la France, et arrosé de
leur sang les palmes françaises. Tous les sacri-
fices imposés aux Français en Europe et en Amérique, notre destinée, notre dévoûment, notre
inclination, nous appellent à les partager.

(1) Les premières lignes sont de la main de Fabien , le reste
de la main de sa femme , qui n'a pas été mise en jugement.

Mais pourquoi la France, cette mère dont nous avons sucé le lait, que nous chérissons, que nous vénérons comme ses autres enfans la vénèrent et la chérissent, nous repousse-t-elle de son sein ou n'accueille-t-elle nos démonstrations de respect et de piété filiale qu'avec le mépris et la dureté d'une injuste marâtre? Ici nos oppresseurs vont nous répondre; ils vont nous dire, ce que votre raison aura peine à comprendre, que le sang africain étant mêlé dans nos veines au sang européen, il convient que la teinte affectée par la nature à notre épiderme marque notre place entre les Européens et les Africains... Ils vont nous dire que l'orgueil colonial n'est pour rien dans cette démarcation, que la sécurité de leurs personnes et de leurs propriétés en dépend rigoureusement, et que telle est l'origine, le motif et l'excuse du système de plomb qui, depuis deux siècles, pèse sur les infortunés descendans des Africains et des Européens.

Il y a trente années, nous nous crûmes un instant replacés au rang des hommes. Peu à peu le bienfait que nous tenions de la justice de la France, de la magnanimité d'un roi martyr, nous fut ravi par la même main qui tenait dans l'exil la dynastie légitime.

Nous fûmes rendus au joug qui avait été solennellement brisé. Nous souffrîmes nos peines en silence; leur pesanteur était allégée, notre résignation devenait plus parfaite, en songeant que nous n'étions pas les seuls malheureux, que nos frères d'Europe étaient comme nous courbés sous la verge qui nous meurtrissait, et pleuraient comme nous sur les douleurs et l'éloignement du père commun des Français.

Ah ! nous disions-nous, si jamais le jour du bonheur luit encore, si jamais nous sommes réintégrés dans ces droits que nous tenions du ciel et des hommes, ce ne sera qu'après que les mâchoires de l'hydre auront été brisées, qu'après que les fils de saint Louis et de Henri IV seront rentrés triomphans et glorieux dans le palais des rois leurs ancêtres ; ce ne sera qu'après que les voix généreuses qui plaidaient notre cause auront retenti de nouveau à la tribune du sénat de France.

Législateurs, vos vœux et les nôtres ont été exaucés ; la justice divine a été fléchie ; les lis ont relevé leur tête auguste ; une charte immortelle a consacré les droits de tous, en limitant le pouvoir et l'obéissance. Hélas ! dans ces jours solennels, dans ces transactions mémorables, les Africains seuls ont été aussi complètement écartés et méconnus que s'ils n'habitaient pas le sol français, que s'ils étaient en dehors de l'espèce humaine. Cet oubli, cette indifférence, nous le savons, ne sont point votre ouvrage ; ils tiennent aux suggestions mensongères répandues contre nous par l'égoïsme, l'avarice et l'orgueil ; ils tiennent aux manœuvres ténébreuses par lesquelles on aspire à étayer un échafaudage dont l'ignorance, le premier des supports, est détruit par le temps.

Ils tiennent peut-être à la fatalité qui menace cette terre si long-temps témoin de nos outrages, et qui déjà penche sur elle l'urne terrible d'où s'écoulent les calamités et les fléaux messagers de la colère divine et vengeurs de l'oppression.

Plusieurs années avant la révolution, les bons esprits, d'Europe même, pressentaient les lésions profondes infligées au système colonial, par le concours perpétuel que le commerce établissait entre l'Europe et l'Amérique, par l'accroissement des races mélangées, dont plusieurs individus élevés en Europe, revenaient aux îles communiquer aux Africains les lumières qu'ils tiraient des Européens. Ce qui s'est passé depuis trente ans aurait-il affaibli ou fortifié cette cause première?

Nos ennemis répondent non, et ils partent de ce point pour légitimer l'ordre existant, et la nécessité de n'y rien changer. Législateurs, soyez nos juges. La génération actuelle toute entière n'a-t-elle pas été embarquée sur le même vaisseau?

Soutenir que les Africains et les *sangs-mêlés* des Antilles sont demeurés stationnaires, n'est-ce point laisser soupçonner que pendant le voyage on a vécu soi-même loin de la lumière du soleil,

(59)

dans les ténèbres et les profondeurs de la calle.

Pour vous, qui êtes restés sur le tillac, constamment attentifs à la direction de l'aimant et au bruit du sillage, vous pouvez apprécier la route que nous avons parcourue.

Voyez, et décidez ;

Nous vous le demandons, nos yeux, nos oreilles, ont-ils pu demeurer étrangers aux événemens et aux discours qui depuis si long-temps les frappent dans les deux mondes ?

Pouvons-nous ignorer les améliorations accordées aux libres et aux esclaves dans les îles anglaises ? Les désastres que le désespoir a produits dans une île de cet archipel ?

Non, sans doute ; ces faits ont été et devaient être le thème perpétuel des entretiens de toutes les classes de notre population.

La Martinique compte aujourd'hui 80,000 esclaves, 20,000 libres, 5,000 individus libres par la volonté de leur maître (affranchis), esclaves par la volonté de la loi, qui rejette leur affranchissement.

Elle compte en outre 10,000 blancs, dont 5,000 seulement tiennent au sol de l'île.

Presque tous les hommes libres et plusieurs esclaves savent lire et écrire. Beaucoup de libres ont été élevés en Europe ou aux États-Unis d'Amérique, et sont revenus se mettre en contact avec leurs frères les *libres et les esclaves*.

Lorsque l'Angleterre eut modifié sa législation

coloniale, nous pensions que la même cause amènerait chez nous les mêmes *bienfaits*. Nos oppresseurs décidèrent que le temps rétrograderait au lieu d'avancer; que le système serait fortifié au lieu d'être adouci. A l'époque où la Charte était donnée à la France, des supplices barbares et inusités furent reproduits à la Martinique. Tandis que dans une île anglaise un planteur, assassin de son esclave, rachetait publiquement par son sang le sang qu'il avait versé peu auparavant, un planteur français, sans motif et de guet-à-pens, poignarde en plein jour un homme de couleur libre dans le quartier du Robert. La justice resta muette devant cet attentat, et l'assassin continua de marcher la tête levée, accusant par sa sécurité les foudres tardives du ciel et notre résignation pusillanime.

Législateurs, nous sommes des hommes; nous demandons à être traités comme tels; mais en même temps nous ne demandons que ce qui est essentiellement juste, et rien de plus, que ce que *les circonstances permettent de nous accorder*.

Assez de sang a coulé; assez d'incendies ont épouvanté la terre; nous savons qu'il est aussi dangereux de forcer que de retarder la marche du temps. N'exposons ni la *propriété* ni la vie de nos *semblables;* mais daignez nous *faire jouir* de ceux de nos droits qui sont COMPATIBLES avec le *bonheur* et la SÉCURITÉ de tous. Que nul désormais ne puisse nous frapper et nous tuer impunément ; qu'on nous donne envers nos débiteurs l'action que nos débiteurs ont envers nous ; que les distinctions humiliantes qui entretiennent l'orgueil des uns, l'irritation des autres, cessent sans retour ; que les terres incultes de l'île, non encore occupées, soient accordées à notre activité ; que notre instruction, notre industrie, soient désormais libres de tout obstacle ; enfin, que nos accusateurs et nos bourreaux cessent de figurer parmi nos juges.

Egaux devant Dieu, avec nos frères les blancs, souffrez que nous soyons égaux comme eux devant le tribunal des hommes.

L'égalité devant la loi, voilà l'objet de notre HUMBLE PRIÈRE : elle suffit à nos vœux ; la *Providence* et le *temps* amèneront plus tard et sans danger la plénitude de *nos droits* politiques.

Mais ce bienfait, que la bonté du monarque et la vôtre nous départiraient peut-être, serait empoisonné pour nous ; nous répugnerions à l'accepter, si la main qui nous protège ne s'étendait aussi *sur nos frères les noirs : issus du même sang,* la place qui nous est assignée entre eux et nos frères les blancs est marquée par la nature et la religion. Médiateurs nés entre l'une et l'autre race, nous sommes appelés à prêcher aux uns l'obéissance et la docilité, à implorer des autres l'indulgence et la commisération ; en vain le machiavélisme de nos ennemis a cherché et cherchera encore à élever des nuages parmi *les enfans de la même famille*, notre raison en triomphera, comme la vôtre va triompher des argumens captieux, des allégations stériles, *suscitées contre nos réclamations*. Les *esclaves de la Martinique, Africains ou créoles*, tendent aujourd'hui vers vous leurs mains suppliantes. Ils vous adjurent, par notre organe, de régler à l'avenir avec clarté et précision tout ce qui concerne leurs devoirs envers leurs maîtres, les obligations des maîtres envers eux, et de placer hors de l'arbitraire les garanties que sollicitent au nom de l'humanité les infirmes, les femmes, les enfans et les vieillards. Ils demandent avant tout que la porte des affranchissemens soit ouverte gratis à tous les esclaves qui, du consentement de leurs maîtres, réclameront leur manumission.

Les îles françaises courent vers un abîme; soutenez-les de votre main puissante; guidez vous-mêmes leur descente sur le fleuve du temps; sous les tropiques, l'avarice, la prévention et surtout la vanité ont un degré d'exaltation inconnu en Europe et qui exclut l'idée d'un amendement volontaire.

L'histoire de Saint-Domingue l'atteste à chaque page; cette histoire signale aussi les écueils où vont se briser la Martinique et la Guadeloupe, si une main secourable ne suit l'exemple de ces disciples d'Esculape, qui, insensibles aux cris des malades récalcitrans et déraisonnables, les attachent, les opèrent et les guérissent en dépit de leurs efforts et de leur volonté.

Faut-il vous prouver combien est étrange l'aveuglement auquel les puissances de l'entendement colonial sont soumises ? Eh bien ! nous vous dirons que ces mêmes hommes qui tiennent nos frères constamment courbés, qui constamment approchent de nos lèvres la coupe d'amertume, ces mêmes hommes laissent aussi nos mains armées pour la conservation de leurs personnes et de leurs propriétés. Les lois nouvelles communiqueront leur vigueur à un corps miné par l'âge et les maladies ; les planteurs n'ont plus de crédit en Europe ; les maisons qui les fournissaient en Amérique ont toutes manqué ; ils doivent plus qu'ils ne possèdent, parce qu'ils ont toujours joui du privilége de ne pas payer leurs dettes. Tout changera quand les lois d'Europe régiront nos îles, quand le planteur qui doit sera tenu de s'acquitter. Les biens ruraux augmenteront lorsque les bras des libres auront défriché les terres qui leur seront concédées ; lorsque le régime plus doux des ateliers, le développement de l'industrie des villes auront accru les richesses et la population ; le jour où les arrivages d'Afrique cesseront sans retour, toutes les propriétés s'élèveront d'une manière sensible.

Combien vaut un esclave à la Louisiane, aux Florides, dans les Carolines, la Virginie et toutes les îles anglaises ? 700, 800 gourdes ? Combien vaut-il à la Martinique ? 200 à 250.

Les colonies sont aujourd'hui à charge à la France, leur dotation sera désormais inutile ; reposez-vous sur nous du soin de les défendre.

Le 26 juin 1821 ' a vu partir du haut de la tribune nationale la foudre qui a dissipé la torpeur de nos ames ; la Martinique compte aujourd'hui 25 mille Français de plus !

Depuis 30 ans les Anglais ont été appelés trois fois pour prendre possession de cette île ; nous demandons pardon à Dieu et à la France de ne pas les avoir repoussés. Enfans du climat, familiarisés avec les halliers et les mornes, plus nombreux, plus robustes que nos frères les blancs, c'est à notre vigueur, c'est à notre courage, que la gloire de défendre ce sol régénéré doit être désormais abandonnée.

Si le léopard britannique paraît sur nos plages, ou nous le rendrons à la mer, ou nous le placerons dans un cercle de feu, et aussitôt notre population toute entière transformée en guérillas, ira dérouler dans les montagnes l'étendard de la fidélité. Rapides comme les torrens, nous en descendrons tantôt pour châtier les ennemis de la France, et tantôt les amis de l'Angleterre, et les guerres de la Corse, du Tyrol, des Cevennes, de l'Espagne et de Saint-Domingue, sont là pour nous dire que les montagnes furent toujours l'asile des hommes indomptables, et que

(1) Discours de l'honorable député du Loiret, M. Lainé-de-Villévêque.

les couleurs sans tache flotteront à jamais sur celles de la Martinique.

Législateurs, disposez de nos biens, de nos cœurs et de nos bras ; nous allons dans les temples implorer le Dieu de l'univers, notre père et le vôtre, pour qu'il nous obtienne aujourd'hui grace devant vous, comme nous l'obtenons devant lui. Nous lui demanderons que l'esprit de sagesse et de force, qu'il envoie du ciel pour guider les peuples qu'il protége, descende parmi vous, qu'il éclaire votre intelligence, qu'il inspire vos délibérations, et alors nos enfans pourront dire un jour :

Dans cette année du dix-neuvième siècle, où trois empires puissans du Nouveau-Monde prenaient rang parmi les nations souveraines de la terre, où les Grecs régénérés triomphaient comme les Grecs de Platée, ou mouraient comme ceux des Thermopyles, dans cette année mémorable les droits de nos pères leur furent rendus et, sous les auspices des législateurs de la France, l'Europe et l'Afrique se réconcilièrent.

Nous sommes avec respect vos concitoyens.....

Signé et paraphé par le nommé Bissette, devant nous Ambroise Gouin, chevalier de la légion d'honneur, président du tribunal de première instance de la ville du Fort-Royal, Martinique, le procureur du roi, nous et le greffier, en exécution du procès-verbal de ce jour 13 décembre 1823.

Signé BISSETTE, DESLANDES, GOUIN, et BLAIN, *Greffier.*

IMPRIMERIE DE E. DUVERGER,
rue de Verneuil, n° 4.

www.ingramcontent.com/pod-product-compliance
Lightning Source LLC
LaVergne TN
LVHW020215030726
842520LV00003B/1094